Ingo Siegner

Der kleine Drache Kokosnuss

Das große ABC-Buch

cbj

A wie Atlantis

Der kleine Drache Kokosnuss hat schon viel von Atlantis, dem versunkenen Inselreich, gehört. Als Papa Magnus und der Meeresdrache Amadeus die vielen Fragen nicht beantworten können, beschließt Kokosnuss, Atlantis zu suchen.

Angel, Angelhaken, Anker, Algen, Aal, Auge, Amadeus, Arm

B wie Badewanne

Der kleine Drache Kokosnuss sitzt in der Badewanne. Papa Magnus schrubbt ihm den Rücken und erzählt dabei die Geschichte vom Buckelwal Bodo, der am liebsten Bananen isst.

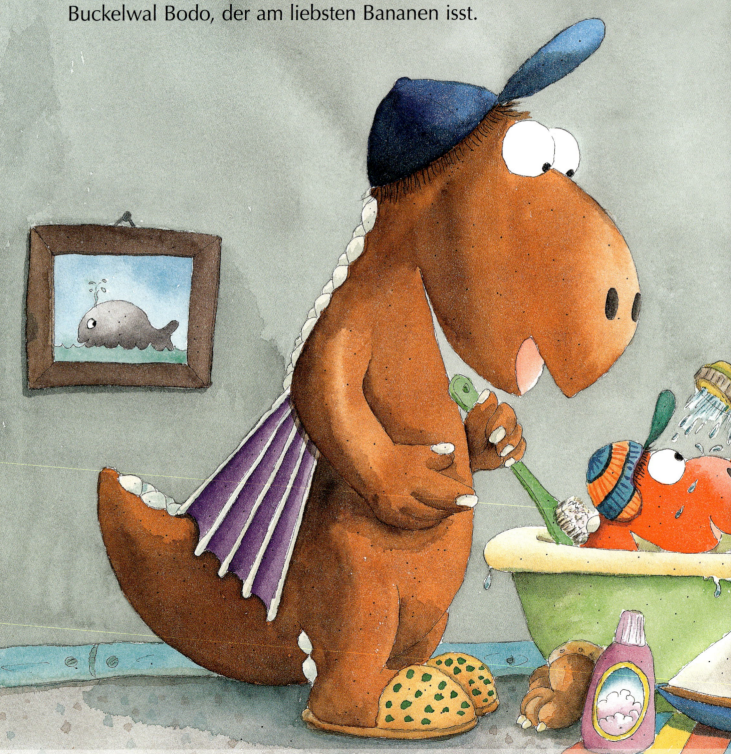

Bild, Badewanne, Bürste, Badekappe, Badeschaum, Bademantel, Ball, Boot, Banane, Brause, Badetuch, Büge

Cornflakes, Champignon, Chilischote, Camping-Kocher, Croissant, Camping-Stuhl

C wie Campingplatz

Kokosnuss, Matilda und Oskar bauen ihr Zelt auf einem Campingplatz auf und kochen auf ihrem Camping-Kocher Nudeln mit Champignons und Chili. Caramba, ist das scharf!

D wie Dschungel

„Oijoijoi, im Dschungel ist es heute aber dunkel", flüstert Oskar. Die drei Freunde müssen genau hinsehen, ob sich im Dickicht nicht etwas versteckt, das es auf ihren Schatz abgesehen hat.

Dschungel, Diamanten, Dolch, Drache, Dachs, Dose, Degen

E wie Eiszeit

Eines Morgens ist alles mit Eis und Schnee bedeckt. „Wo sind denn die Wiesen?", fragt Kokosnuss.
„Klarer Fall von Eiszeit", sagt Matilda. „Gab es auf der Erde immer wieder. Nicht schlimm, nur eben kalt."

Eiszeit, Eisberg, Eisbär, Eis, Eiszapfen, Eispickel

F wie Fluss

Kokosnuss, Matilda und Oskar wollen angeln. Am Fluss ist ganz schön was los! Staunend stellen die Freunde fest, dass jede Menge Tiere zum Abkühlen und Baden herkommen.

Flamingo, Fels, Fisch, Flusspferd, Frosch, Flugzeug, Fernglas, Fluss

G wie Geburtstag

„Zum Geburtstag viel Glück, zum Geburtstag viel Glück, zum Geburtstag, lieber Kokosnuss, zum Geburtstag viel Glück!", singen Matilda und Oskar im Chor.

Girlande, Geschenke, Geburtstagstorte, Geburtstagskind, Gras, Gartenstuhl, Grammofon, Gänseblümchen

H wie Hexe

Die Hexe Rubinia gibt Kokosnuss, Matilda und Oskar ein Rätsel auf. Sie sollen in der Hexenküche möglichst viele Wörter finden, die mit H beginnen.

Hexenkessel, Herd, Hase, Handfeger, Hühnerfuß, Hammer, Handtuch, Hund, Haken, Hexe, Hand, Hausschuh, Hexenhut

I wie Indianer

Kokosnuss, Matilda und Oskar sind mal wieder im Wilden Westen unterwegs und besuchen ihre Freundin, das Indianer-Mädchen Wilde Hummel.

Igel, Insekten, Indianer, Indianerdorf, Indianer-Mädchen, Insel

J wie Jagen

Kokosnuss, Matilda und Oskar juckeln mit ihrer kleinen Jolle den Waldfluss hinab, als sie einen Jäger entdecken, der einen Jaguar schießen will. Kokosnuss warnt den Jaguar und lädt den Jäger zum Joghurt-Essen ein.
„Joghurt schmeckt besser als Jaguar!", sagt der kleine Drache.

Jacke, Jäger, Jaguar, Jeans, Joghurt, Jolle, Jagdtasche, Jo-Jo

K wie Kamel

Bei ihrer Expedition nach Ägypten werden die Freunde von einem freundlichen Kamel zu den Pyramiden gebracht. Dort finden sie ein bisher unentdecktes Königsgrab.

Kamel, Kappe, Koffer, Kamera, Käfer, Knochen, Kaftan, Kapuze, Kokosnuss, Katze, Karawane

L wie Labyrinth

„Oskaaar, Matildaaa, wo steckt ihr?" Der kleine Drache Kokosnuss hat sich im Labyrinth der Pyramide verirrt. Au Backe, hoffentlich findet er die anderen wieder! Zum Glück hat Kokosnuss eine Lampe dabei?

M wie Meer

Kokosnuss, Matilda und Oskar tauchen in die Tiefen des Meeres hinab und treffen dort viele Meeresbewohner.

Manta, Muräne, Muschel, Meerfrau, Möwe, Meeresspiegel, Meeresboden, Meeresalgen

N wie Nacht

Kokosnuss, Matilda und Oskar übernachten draußen in ihren Schlafsäcken. Sie schlafen tief und fest und bemerken nicht, was um sie herum so alles vor sich geht ...

Nasenbär, Nase, Nashorn, Nebelhorn, Nachtfalter, Nachttopf, Nachtgespenst, Nacktschnecke, Nachtlager

O wie Oskar

„Guten Appetit!", ruft Oskar stolz. Er hat Kokosnuss und Matilda zu sich nach Hause eingeladen und köstliche Omelettes gebraten. Dazu gibt's Orangensaft. Hm, lecker!

Orangen, Oliven, Ofenrohr, Obst, Omelette, Oskar, Ochsenknochen, Ölsardine, Obstkorb

P wie Piraten

Als der kleine Drache Kokosnuss und seine Freundin Matilda mit ihrem Floß zur Schildkröteninsel unterwegs sind, werden sie von einem Piratenschiff gekapert …

Piratenschiff, Planke, Pflaster, Piratenkapitän, Pinne, Piraten, Pfanne, Papagei

Q wie Quelle

An der Quelle vom Fluss Mo setzt Oskar sein selbst gebasteltes Segelschiffchen aufs Wasser. Ob das Boot den Großen See wohl erreichen wird?

Quelle, Quadrate, Quittenmarmelade, Quarktorte, Querstreifen, Quecke

R wie Ritter

Der kleine Drache Kokosnuss und das Stachelschwein Matilda helfen Onkel Ingmar im Kampf gegen den schwarzen Ritter. Die Freunde haben die Tricks des bösen Ritters durchschaut.

Ritter, Ritterburg, Rüstung, Rucksack, Rabe, Rohrzange, Rad, Riss, Ritterfräulein, Ross

S wie Strand

„Hach, es geht doch nichts über das Spielen am Strand", sagt Matilda und baut mit Kokosnuss eine Sandburg.
„Stimmt", antwortet Oskar. „Am Strand ist immer prima Klima, aber ich brauche etwas Schatten."

Schaufel, Sand, Sandburg, Sonnenmilch, Seestern, Sonnenschirm, Segelboot, Schatten, Schildkröte, Strand, Strandkrabbe, Sonnenbrille, Saft

T wie Tempel

Mit zögerlichen Schritten betreten Kokosnuss, Orakelchen, Oskar und Matilda den Tempel des Donnergottes. Man sieht die Hand vor Augen nicht. Als ein fürchterliches Donnergrollen ertönt, springen die vier hinter eine Säule …

Tempel, Treppe, Thron, Tor, Totenkopf, Turm, Taschenlampe, Tasche, Tür, Tisch, Tasse

U wie U-Boot

„Warum heißt es eigentlich U-Boot?", will Oskar wissen.
„Das ist die Abkürzung für Unterseeboot, weil es unter der Wasseroberfläche fährt", erklärt Matilda und Kokosnuss lenkt das U-Boot in die Tiefe. Blubb, blubb, blubb!

Unterwasserscheinwerfer, Uhr, U-Boot, Unterwasser-Ungeheuer

V wie Vampir

Der kleine Vampir Bissbert ist ein guter Flieger. Er zeigt die tollsten Flug-Kunststücke, zum Beispiel einen Doppelüberschlag mit Vollkorn-Sahnetorte. Kokosnuss will es ihm gleich tun, aber das geht leider daneben.

Vampir, Vulkan, Vampirzähne, Vogel, Versteck, Veilchen, Vollkorntorte, Vielfrass

W wie Weihnachten

Kokosnuss, Oskar und Matilda freuen sich auf Weihnachten und können es kaum erwarten! Wie gut, dass sie sich auf dem Weihnachtsmarkt die Zeit vertreiben können.

Weihnachtsbaum, Wildschwein, Würstchen, Wolke, Winter, Weihnachtsstern, Waffel, Waffeleisen

X wie Xylofon

„Puh, zusammenspielen ist ganz schön schwer", stöhnt Kokosnuss. „Das muss man x-mal üben. Versuchen wir es noch einmal. Eins, zwei, drei!"

Xylofon

Y wie Yacht

„Hier gibt es aber schicke Boote!", sagt Kokosnuss. „Die nennt man Yachten", erklärt Matilda. „Wollen wir als Matrosen anheuern?"
„Ich lege mich lieber aufs Sonnendeck und schlürfe ein Glas Saft", brummt Oskar.

Yacht, Yachthafen, Ypsilon

Z wie Zirkus

Die Zirkustiere geben eine Extra-Vorstellung für Kokosnuss, Matilda und Oskar und zeigen ihre Kunststücke.

Zirkuszelt, Zirkuswagen, Zebra, Ziege, Zaun, Zahn, Zange, Zylinder, Zwerg, Zuschauer

Dschungelpost

Der kleine Drache Kokosnuss trägt heute die Post aus. Zu welcher Höhle muss er welchen Brief bringen? Verbinde jeden Brief mit der richtigen Höhle.

Kokosnuss pflanzt ein Bäumchen

Kokosnuss möchte ein Bäumchen pflanzen. Was muss er zuerst machen? Ordne die Bilder in der richtigen Reihenfolge und schreibe die Buchstaben auf den Bildern auf die grünen Lösungs-Blätter. Dann erfährst du, woher Kokosnuss das Bäumchen hat …

Hier kannst du ankreuzen, welche Geschichten vom kleinen Drachen Kokosnuss du schon kennst:

○ Der kleine Drache Kokosnuss (978-3-570-12683-7)
○ Der kleine Drache Kokosnuss feiert Weihnachten (978-3-570-12765-0)
○ Der kleine Drache Kokosnuss kommt in die Schule (978-3-570-12716-2)
○ Der kleine Drache Kokosnuss – Hab keine Angst! (978-3-570-12806-0)
○ Der kleine Drache Kokosnuss und der große Zauberer (978-3-570-12807-7)
○ Der kleine Drache Kokosnuss und der schwarze Ritter (978-3-570-12808-4)
○ Der kleine Drache Kokosnuss und seine Abenteuer (978-3-570-13075-9)
○ Der kleine Drache Kokosnuss – Schulfest auf dem Feuerfelsen (978-3-570-12941-8)
○ Der kleine Drache Kokosnuss besucht den Weihnachtsmann (978-3-570-13202-9)
○ Der kleine Drache Kokosnuss und die Wetterhexe (978-3-570-12942-5)
○ Der kleine Drache Kokosnuss reist um die Welt (978-3-570-13038-4)
○ Der kleine Drache Kokosnuss und die wilden Piraten (978-3-570-13437-5)
○ Der kleine Drache Kokosnuss – Meine Schulfreunde (978-3-570-13548-8)
○ Der kleine Drache Kokosnuss im Spukschloss (978-3-570-13039-1)
○ Der kleine Drache Kokosnuss und der Schatz im Dschungel (978-3-570-13645-4)
○ Der kleine Drache Kokosnuss und das Vampir-Abenteuer (978-3-570-13702-4)
○ Der kleine Drache Kokosnuss und das Geheimnis der Mumie (978-3-570-13703-1)
○ Der kleine Drache Kokosnuss und die starken Wikinger (978-3-570-13704-8)
○ Der kleine Drache Kokosnuss auf der Suche nach Atlantis (978-3-570-15280-5)
○ Der kleine Drache Kokosnuss bei den Indianern (978-3-570-15281-2)
○ Der kleine Drache Kokosnuss im Weltraum (978-3-570-15283-6)
○ Der kleine Drache Kokosnuss reist in die Steinzeit (978-3-570-15282-9)
○ Der kleine Drache Kokosnuss – Schulausflug ins Abenteuer (978-3-570-15637-7)
○ Der kleine Drache Kokosnuss bei den Dinosauriern (978-3-570-15660-5)
○ Der kleine Drache Kokosnuss und der geheimnisvolle Tempel (978-3-570-15829-6)

Lösungen:

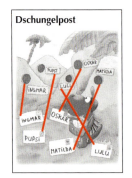

Kokosnuss pflanzt ein Bäumchen

Kokosnuss hat sein Bäumchen aus dem URWALD.

cbj ist der Kinder- und Jugendbuchverlag
in der Verlagsgruppe Random House

Verlagsgruppe Random House FSC® N001967
Das für dieses Buch verwendete FSC®-zertifizierte Papier
Condat matt Perigord liefert die Papier Union.

Gesetzt nach den Regeln der Rechtschreibreform

1. Auflage 2014
© 2014 cbj, München
Alle Rechte vorbehalten
„Der kleine Drache Kokosnuss" ist eine Figur von Ingo Siegner.
Arwork und Design: Alfred Dieler, Darmstadt
Lektorat: Hjördis Fremgen
Umschlagkonzeption: basic-book-design, Karl Müller-Bussdorf
hf • Herstellung: UK
Satz: dtp im Haus, UK
Reproduktion: Lorenz & Zeller, Inning a.A.
Druck: Grafisches Centrum Cuno, Calbe
ISBN 978-3-570-15830-2
Printed in Germany

www.cbj-verlag.de
ww.drache-kokosnuss.de